AF189511

Impressum
Verlag: BABADADA GmbH, Nedderfeld 112 , 22529 Hamburg
Geschäftsführer / Verlagsleitung: Harald Hof
Druck: Books on Demand GmbH, In de Tarpen 42, 22848 Norderstedt

Imprint
Publisher: BABADADA GmbH, Nedderfeld 112 , 22529 Hamburg, Germany
Managing Director / Publishing direction: Harald Hof
Print: Books on Demand GmbH, In de Tarpen 42, 22848 Norderstedt, Germany

sekolah

مدرسه

bilik darjah
کلاس درس
bahagi
تقسیم کردن
186/2
laman/taman sekolah
papan
تخته
guru
معلم
kertas
کاغذ
tulis
نوشتن
pen
خودکار
meja
میز تحریر
pembaris
خط کش
buku
کتاب
murid
دانش آموز

beg galas

کیف مدرسه

kotak pensel

جامدادی

pensel

مداد

pengasah pensel

تراش

pemadam

پاک کن

kertas lukisan

دفتر رسم

melukis

طراحی

berus lukis

قلم مو

kotak warna

جعبه ی آبرنگ

gunting

قیچی

gam

چسب

buku latihan

کتاب تمرین

kerja rumah

تکلیف خانه

12

nombor

رقم

2+2

tambah

جمع کردن

5-2

tolak

تفریق کردن

2×2

darab

ضرب کردن

kira

محاسبه کردن

A

huruf

حرف الفبا

**ABCDEFG
HIJKLMN
OPQRSTU
VWXYZ**

abjad

الفبا

hello

kata

کلمه

teks

متن

baca

خواندن

kapur

گچ

pelajaran

درس

daftar

ثبت نام

peperiksaan

امتحان

sijil

مدرک رسمی

uniform sekolah

لباس مدرسه

pendidikan

تحصیلات

ensiklopedia

دانشنامه

universiti

دانشگاه

mikroskop

میکروسکوپ

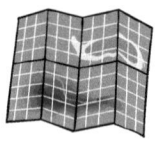

peta

نقشه

bakul sampah

سبد کاغذ باطله

berjalan

سفر

hotel
هتل
Grand
asrama
مسافرخانه
ROOMS
EXCHANGE
pejabat tukaran mata wang
صرافی
beg pakaian
چمدان
kereta
اتومبیل

bahasa

زبان

ya / tidak

بله / خیر

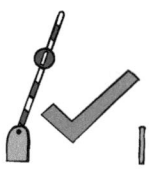

okey

اُکی

helo

سلام

penterjemah

مترجم

Terima kasih

ممنون

berapa banyak...?

قیمت ... چه قدر است؟

saya tidak faham

من متوجه نمی شوم

masalah

مشکل

Selamat petang!

عصر بخیر! / شب بخیر!

Selamat Pagi!

صبح بخیر!

Selamat Malam!

شب بخیر!

selamat tinggal

خدانگهدار

arah

جهت

bagasi

بار سفر

beg

کیف

beg galas

کوله پشتی

tetamu

مهمان

bilik tidur

اتاق

beg tidur

کیسه خواب

khemah

خیمه

maklumat pelancong

مرکز راهنمای گردشگران

pantai

ساحل

kad kredit

کارت اعتباری

sarapan

صبحانه

makan tengah hari

نهار

makan malam

شام

tiket

بلیط

lif

آسانسور

setem

مهر

sempadan

مرز

kastam

گمرک

kedutaan

سفارتخانه

visa

ویزا

pasport

گذرنامه

pengangkutan

حمل و نقل

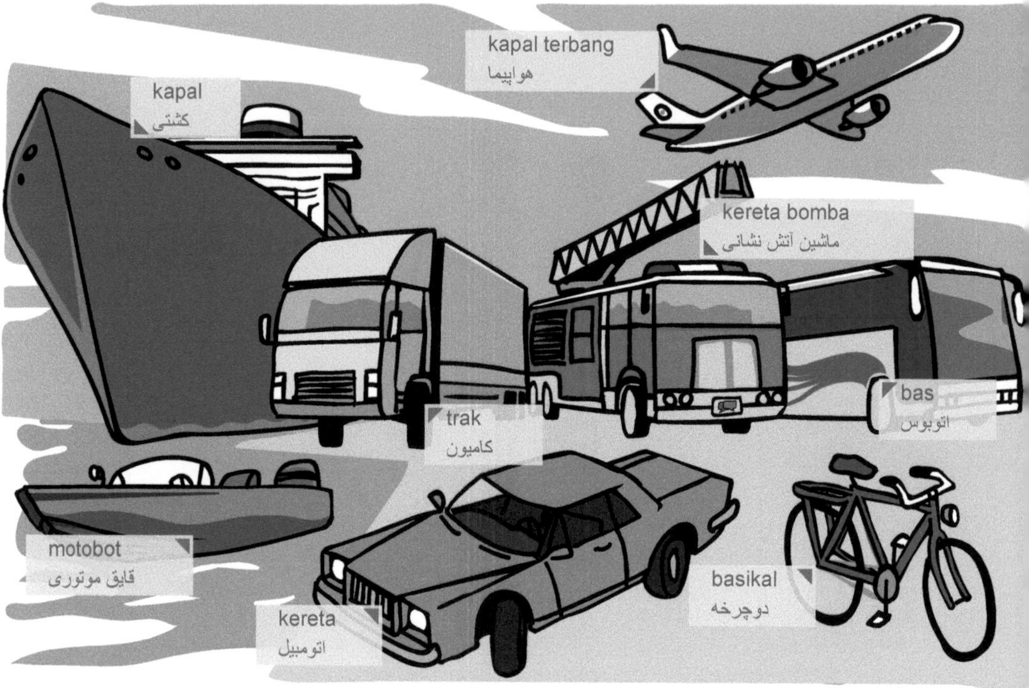

kapal terbang
هواپیما
kapal
کشتی
kereta bomba
ماشین آتش نشانی
trak
کامیون
bas
اتوبوس
motobot
قایق موتوری
kereta
اتومبیل
basikal
دوچرخه

feri

کشتی مسافربری

bot

قایق

motosikal

موتورسیکلت

kereta polis

ماشین پلیس

kereta lumba

ماشین مسابقه

kereta sewa

ماشین کرایه ای

berkongsi kereta

به اشتراک گذاری اتوموبیل

trak tunda

جرثقیل

trak menolak

ماشین حمل زباله

motor

موتور

bahan api

بنزین

stesen minyak

پمپ بنزین

tanda trafik

تابلو راهنمایی و رانندگی

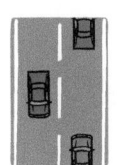

trafik

عبور و مرور

kesesakan lalu lintas

ترافیک

tempat parkir

پارکینگ

stesen kereta api

ایستگاه قطار

trek

ریل راه آهن

kereta api

قطار

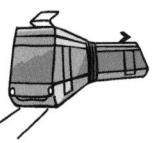

trem

قطار برقی

gerabak

واگن

helikopter

هليكوپتر

lapangan terbang

فرودگاه

Menara

برج

penumpang

مسافر

bekas

كانتينر

kadbod

كارتن

kart

گاری

bakul

سبد

berlepas / mendarat

به پرواز درآمدن / فرود آمدن

bandar

شهر

kampung

دهکده

pusat bandar

مرکز شهر

rumah

خانه

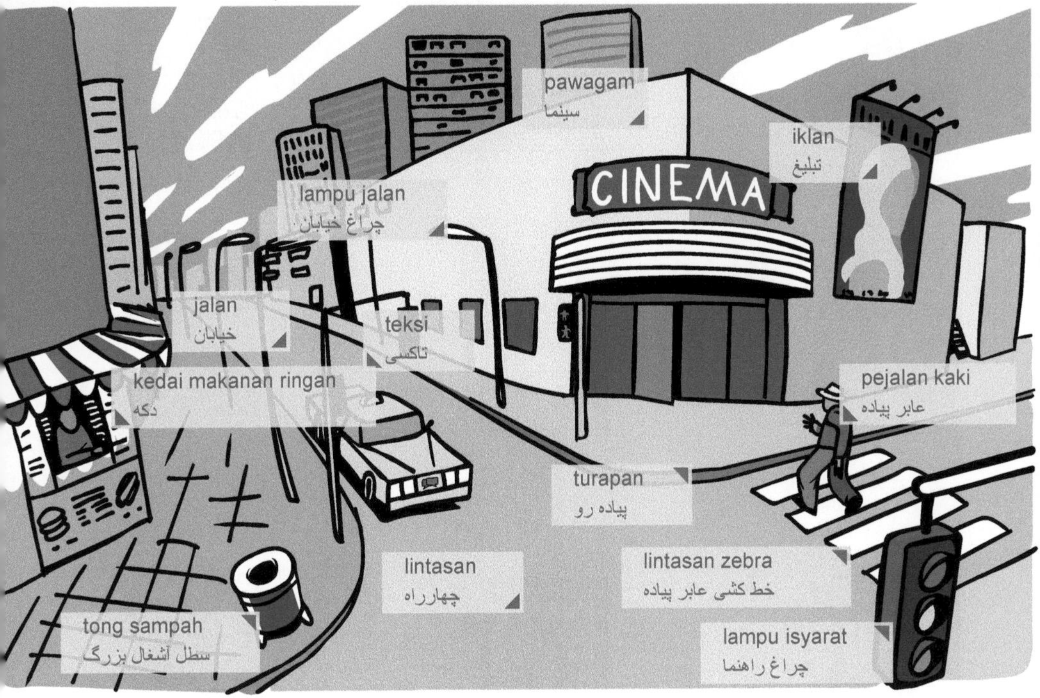

pawagam
سینما

iklan
تبلیغ

lampu jalan
چراغ خیابان

jalan
خیابان

teksi
تاکسی

CINEMA

kedai makanan ringan
دکه

pejalan kaki
عابر پیاده

turapan
پیاده رو

lintasan
چهارراه

lintasan zebra
خط کشی عابر پیاده

tong sampah
سطل آشغال بزرگ

lampu isyarat
چراغ راهنما

pondok

كلبه

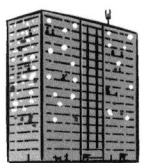

flat

آپارتمان

stesen kereta api

ایستگاه قطار

dewan bandar

ساختمان شهرداری

muzium

موزه

sekolah

مدرسه

universiti

دانشگاه

bank

بانک

hospital

بیمارستان

hotel

هتل

farmasi

داروخانه

pejabat

اداره

kedai buku

کتابفروشی

kedai

مغازه

kedai bunga

گل فروشی

pasar raya

سوپرمارکت

pasaran

بازار

gedung

فروشگاه بزرگ

penjual ikan

ماهی فروش

pusat membeli-belah

مرکز خرید

pelabuhan

بندر

taman

پارک

bangku

نیمکت

jambatan

پل

tangga

پله

bawah tanah

مترو

terowong

تونل

hentian bas

ایستگاه اتوبوس

bar

میخانه

restoran

رستوران

peti surat

صندوق پست

papan tanda jalan

تابلوی خیابان

meter parkir

دستگاه پارکومتر

zoo

باغ وحش

kolam renang

استخر شنای عمومی

masjid

مسجد

ladang

مزرعه

pencemaran

آلودگی محیط زیست

tanah perkuburan

قبرستان

gereja

کلیسا

taman permainan

زمین بازی

kuil

معبد

landskap

چشم انداز

daun

برگ

tiang tanda

تابلوی راهنمای مسیر

jalan

راه

padang rumput

چمنزار

batu

سنگ

pokok

درخت

pejalan kaki

راه نورد

sungai

رودخانه

rumput

چمن

bunga

گل

lembah

....

دره

bukit

....

تپه

tasik

....

دریاچه

hutan

....

جنگل

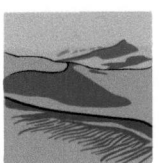

padang pasir

....

بیابان

gunung berapi

....

کوه آتشفشان

istana

....

قلعه

pelangi

....

رنگین کمان

cendawan

....

قارچ

pokok kelapa sawit

....

درخت نخل

nyamuk

....

پشه

terbang

....

مگس

semut

....

مورچه

lebah

....

زنبور

labah-labah

....

عنکبوت

kumbang

سوسک

katak

قورباغه

tupai

سنجاب

landak

جوجه تیغی

arnab

خرگوش صحرایی

burung hantu

جغد

burung

پرنده

angsa

قو

babi jantan

گراز

rusa

گوزن نر

moose

گوزن شمالی

empangan

سد آب

turbin angin

توربین بادی

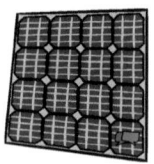

panel solar

صفحه ی خورشیدی

iklim

آب و هوا

restoran
رستوران

menu
منوی غذا
kerusi
صندلی
sup
سوپ
piza
پیتزا
kutleri
سرویس کارد و قاشق و چنگال
alas meja
رومیزی

pemula
پیش‌غذا

hidangan utama
غذای اصلی

pencuci mulut
دسر

minuman
نوشیدنی ها

makanan
غذا

botol
بطری

makanan segera

فست فود

makanan jalanan

اغذیه خیابانی

teko

قوری

mangkuk gula

قندان

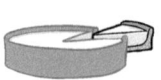

bahagian

پُرس غذا

mesin espreso

دستگاه اسپرسو

kerusi tinggi

صندلی پایه بلند غذاخوری بچه

bil

صورتحساب

dulang

سینی

pisau

چاقو

garfu

چنگال

sudu

قاشق

sudu teh

قاشق چایخوری

serviette

دستمال سفره

gelas

لیوان

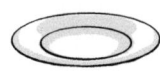

pinggan

بشقاب

mangkuk sup

بشقاب سوپخوری

piring

نعلبکی

sos

سس

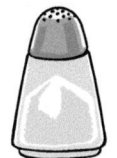

tempat garam

نمکدان

pengisar lada

فلفل ساب

cuka

سرکه

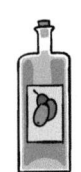

minyak

روغن خوراکی

rempah

ادویه جات

sos

سس کچاپ

mustard

سس خردل

mayones

سس مایونز

pasar raya

سوپرمارکت

tawaran istimewa
پیشنهاد ویژه
pelanggan
مشتری
tenusu
لبنیات
buah-buahan
میوه جات
troli
چرخ دستی خرید

tukang daging

قصابی

kedai roti

نانوایی

berat

وزن کردن

sayur-sayuran

سبزیجات

daging

گوشت

makanan sejuk beku

غذای منجمد

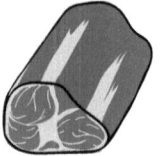

daging sejuk

مخلوطی از انواع کالباس یا پنیر که
ورقه ای بریده شده باشند

makanan dalam tin

غذای کنسروی

serbuk pencuci

پودر لباسشویی

gula-gula

شیرینی جات

produk isi rumah

لوازم خانگی

produk pembersihan

ماده شوینده و پاک کننده

orang jualan

فروشنده

daftar tunai

صندوق پرداخت

juruwang

صندوقدار

senarai membeli-belah

لیست خرید

waktu pembukaan

ساعات کار

beg duit

کیف پول

kad kredit

کارت اعتباری

beg

کیف

beg plastik

کیسه ی پلاستیکی

minuman

نوشیدنی ها

air

آب

jus

آبمیوه

susu

شیر

kola

نوشابه کوکاکولا

wain

شراب

bir

آبجو

alkohol

الکل

koko

کاکائو

the

چای

kopi

قهوه

espreso

قهوه اسپرسو

kapucino

کاپوچینو

pisang

موز

epal

سیب

oren

پرتقال

tembikai

انواع هندوانه و خربزه

lemon

لیمو

lobak merah

هویج

bawang putih

سیر

buluh

نِی بامبو

bawang

پیاز

cendawan

قارچ

kacang

آجیل

mi

ماکارونی

spageti

اسپاگتی

nasi

برنج

salad

سالاد

kerepek

سیب زمینی سرخ کرده

kentang goreng

سیب زمینی سرخ شده

piza

پیتزا

hamburger

همبرگر

sandwic

ساندویچ

kutlet

شنیتسل

ham

ژامبون خوک

salami

سالامی

sosej

سوسیس

ayam

مرغ

panggang

نوعی گوشت سرخ شده

ikan

ماهی

bubur oat

جوی پرک شده

muesli

نوعی صبحانه مخلوطی از برگه ذرت و
میوه های خشک شده و خشکبار که
معمولا با شیر خورده می شود

emping jagung

کورن‌فلکس

tepung

آرد

kroisan

کرواسان

roti roll

نان بروتشن

roti

نان

roti bakar

نان تست

biskut

بیسکویت

mentega

کره

dadih

کشک

kek

کیک

telur

تخم مرغ

telur goreng

تخم مرغ نیمرو

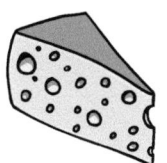

keju

پنیر

ais krim

بستنی

gula

شکر

madu

عسل

jem

مربا

krim nougat

کرم شکلاتی بادامی

kari

ادویه کاری

ladang

مزرعه

rumah ladang
خانه ی مزرعه داران
bandela jerami
خرمن کاه
bangsal
انبار غله
bidang
مزرعه
kuda
اسب
treler
ماشین یدک کش
anak kuda
کره اسب
traktor
تراکتور
keldai
خر
biri-biri
گوسفند
kambing
بره

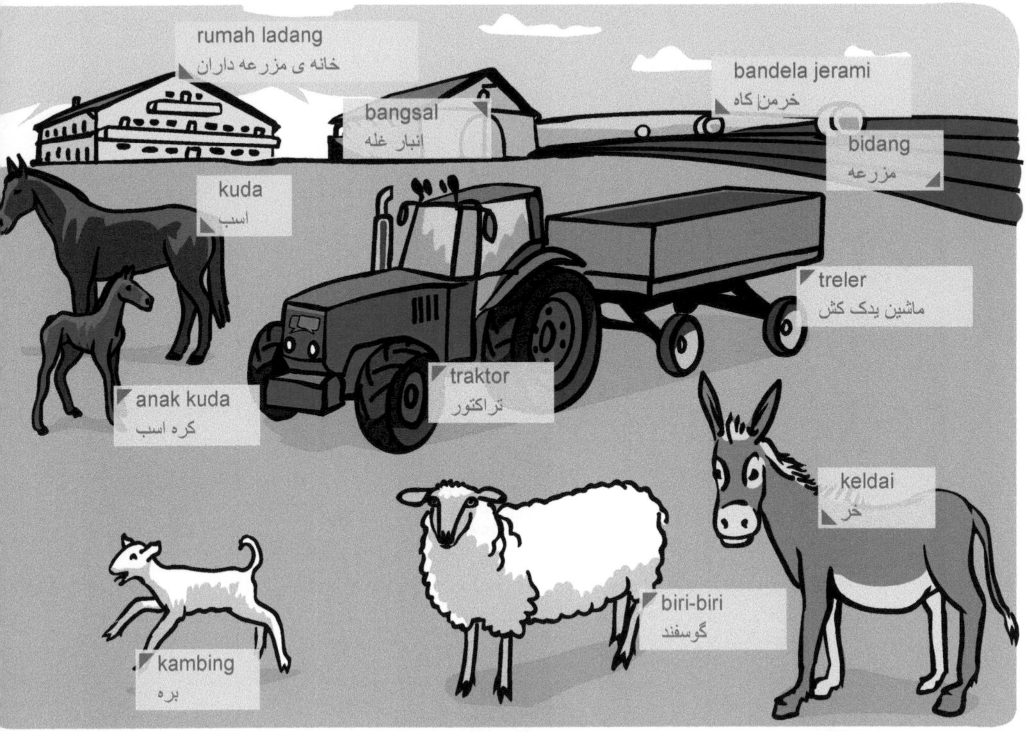

kambing

بز

lembu

گاو ماده

anak lembu

گوساله

babi

خوک

anak babi

بچه خوک

lembu

گاو نر

ladang - مزرعه 27

angsa

غاز

itik

اردک

anak ayam

جوجه

ayam betina

مرغ

ayam jantan muda

خروس

tikus

موش صحرایی

kucing

گربه

tikus

موش

lembu jantan

گاو نر اخته

anjing

سگ

rumah anjing

لانه ی سگ

hos taman

شلنگ باغبانی

bekas siraman

آبپاش

sabit

داس دسته بلند

bajak

گاو آهن

sabit

داس

cangkul

كج بيل

serampang peladang

چنگک باغبانى

kapak

تبر

kereta sorong

فرقون

palung

آبشخور

tin susu

بطرى نگهدارى شير

karung

كيسه

pagar

حصار

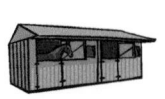

stabil

اصطبل

rumah hijau

گلخانه

tanah

خاک

benih

بذر

baja

كود

jentuai

ماشين كمباين

tuai

برداشت کردن محصول

menuai

محصول

keladi

تمیس

gandum

گندم

soya

سویا

kentang

سیب زمینی

jagung

ذرت

biji sawi

کلزا

pokok buah-buahan

درخت میوه

ubi kayu

گیاه مانیوک

bijirin

غلات

rumah
خانه

cerobong
دودکش
atap
پشت بام
penurun
ناودان
tetingkap
پنجره
garaj
گاراژ
loceng pintu
زنگ در
pintu
در
tong sampah
سطل آشغال
peti surat
صندوق مراسلات
taman
باغ

ruang tamu
اتاق نشیمن

bilik air
حمام

dapur
آشپزخانه

bilik tidur
اتاق خواب

bilik kanak-kanak
اتاق بچه

ruang makan
ناهارخوری

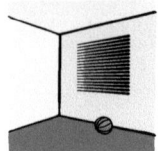

lantai

کف زمین

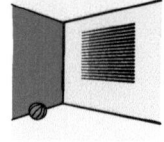

dinding

دیوار

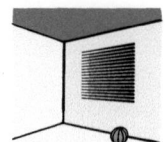

siling

سقف

bilik bawah tanah

زیرزمین

sauna

سونا

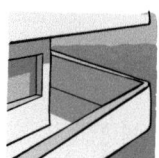

balkoni

بالکن

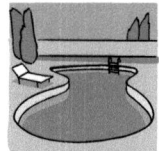

teres

تراس

kolam renang

استخر

pemotong rumput

ماشین چمن‌زنی

lembaran

ملافه

penutup tilam

روتختی

katil

تخت خواب

penyapu

جارو

timba

سطل

suis

سویچ یا کلید

ruang tamu
اتاق نشیمن

kertas dinding
کاغذ دیواری
gambar
عکس
lampu
لامپ
rak
قفسه
kabinet
کابینت
televisyen
تلویزیون
pendiangan
شومینه
bunga
گل
kusyen
کوسن
sofa
کاناپه
pasu
گلدان
alat kawalan jauh
کنترل تلویزیون و ویدئو و غیره

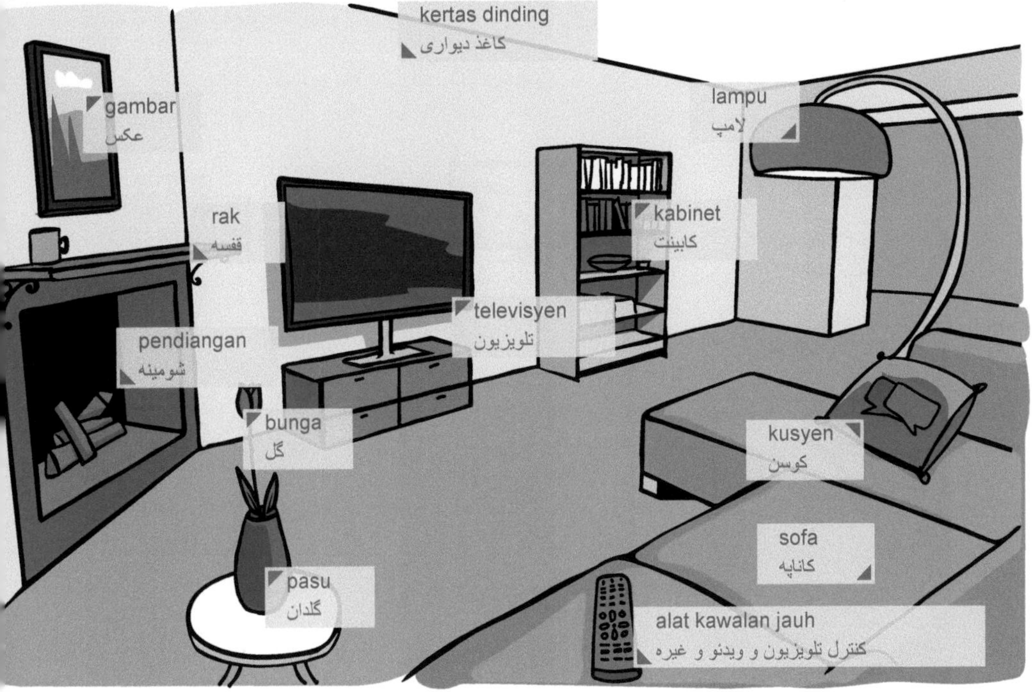

permaidani
فرش

tirai
پرده

meja
میز

kerusi
صندلی

kerusi malas
صندلی گهواره ایی

kerusi
صندلی راحتی

buku

كتاب

selimut

لحاف

hiasan

دکوراسیون

kayu api

هیزم

filem

فیلم

hi-fi

دستگاه ضبط صوت

kunci

کلید

akhbar

روزنامه

lukisan

تابلو نقاشی

poster

پوستر

radio

رادیو

buku catatan

دفترچه یادداشت

penyedut habuk

جاروبرقی

kaktus

کاکتوس

lilin

شمع

dapur
آشپزخانه

peti sejuk
یخچال
ketuhar gelombang mikro
ماکروویو
penimbang dapur
pembakar roti
تُستر
bahan pencuci
ماده شوینده و پاک کننده
oven
فر خوراک پزی
penyejuk beku
جایخی
tong sampah
سطل آشغال
pembasuh pinggan mangkuk
ماشین ظرفشویی

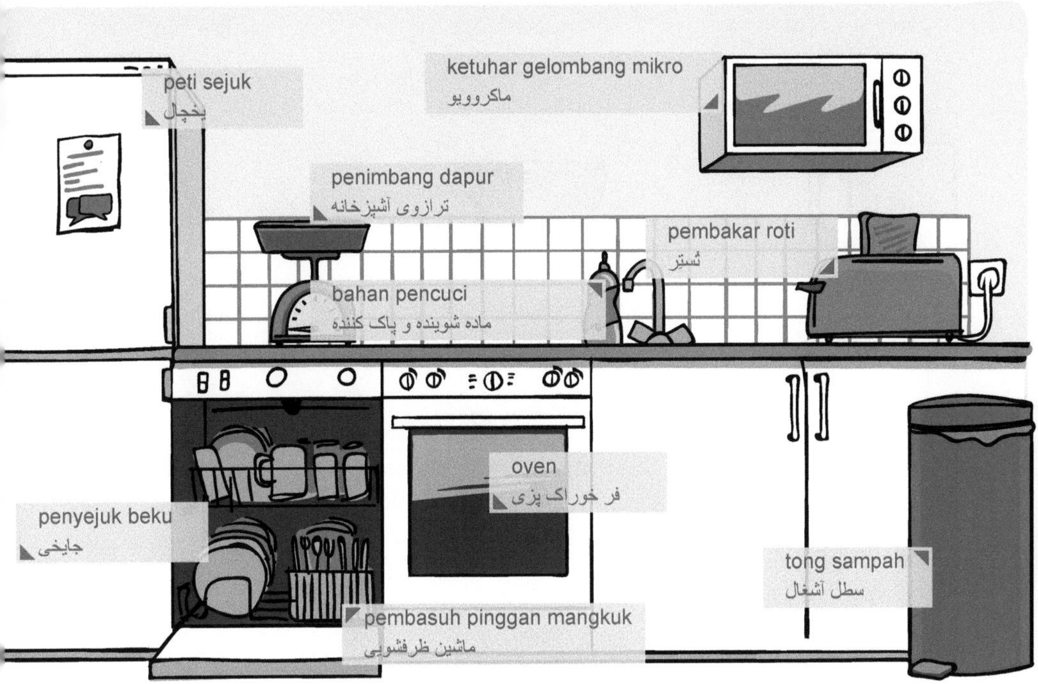

periuk dapur
اجاق گاز

periuk
قابلمه

periuk besi
قابلمه چدنی

kuali
ماهی تابه گود

pan
ماهی تابه

cerek
کتری

pengukus

بخارپز

dulang pembakar

سینی فر

pinggan mangkuk

ظرف چینی آشپزخانه

koleh

لیوان

mangkuk

کاسه

penyepit

چاپستیک

senduk

ملاقه

spatula

کفگیر

pengadun

همزن

penapis

آبکش

ayak

آبکش

pemarut

رنده

mortar

هاون

barbeku

باربیکیو

pembakaran terbuka

محل مخصوص افروختن آتش

papan pencincang

تخته گوشت و سبزی

pin golekan

وردنه

skru gabus

در بطری بازکن

tin

قوطی

pembuka tin

در قوطی بازکن

pemegang periuk

دستگیره پارچه ای

sinki

سینک ظرفشویی

berus

برس گردگیری

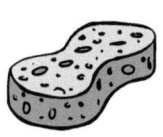

span

اسفنج

pengisar

مخلوط کن

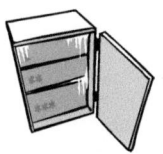

penyejuk beku

فریزر

botol bayi

شیشه شیر بچه

paip

شیر آب

bilik air

حمام

pemanasan
بخاری
mandi
دوش
tuala
حوله
tirai mandi
پرده ی حمام
mandi buih
حمام کف
tab mandi
وان حمام
gelas
لیوان
mesin basuh
ماشین لباسشویی
paip
شیر آب
jubin
کاشی
tandas
لگن دستشویی کودکان
sinki
سینک ظرفشویی

tandas

توالت

tandas mencangkung

توالت ایرانی

mangkuk tandas

کاسه توالت

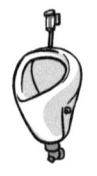

tandas awam

توالت مخصوص آقایان

kertas tandas

دستمال توالت

berus tandas

فرچه توالت

berus gigi

مسواک

ubat gigi

خمیردندان

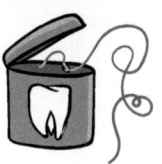

flos gigi

نخ دندان

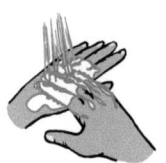

cuci

شستن

mandian tangan

دوش آب تلفنی

pancuran

شلنگ توالت

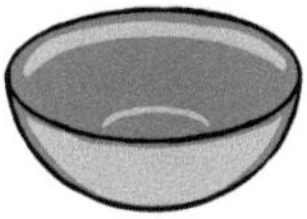

besen

لگن روشویی

belakang berus

برس شست و شوی پشت

sabun

صابون

gel mandian

شامپو بدن

syampu

شامپو

flanel

لیف حمام

longkang

راه آب

krim

کرم

deodoran

اسپری دئودورانت

cermin

آیینه

cermin tangan

آیینه ی کوچک دستی

pisau cukur

تیغ ریش تراشی

busa cukur

کف ریش تراشی

selepas cukur

افترشیو

sikat

شانه ی سر

berus

برس

pengering rambut

سشوار

semburan rambut

اسپری مو

mekap

آرایش

gincu

رژلب

varnis kuku

لاک ناخن

bulu kapas

پنبه

gunting kuku

قیچی ناخن

pewangi

عطر

beg basuhan

کیف لوازم آرایشی و بهداشتی

bangku

چهارپایه

skala berat

ترازو

jubah mandi

حوله ی پالتویی

sarung tangan getah

دستکش ظرفشویی

kapas

تامپون

tuala wanita

نوار بهداشتی

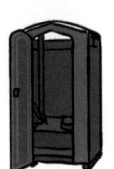

tandas kimia

توالت سیار

bilik kanak-kanak

اتاق بچه

jam loceng
ساعت زنگدار
mainan kegemaran
نوعی عروسک نرم به شکل حیوانات
kereta mainan
ماشین اسباب بازی
kerincing bayi
جغجغه
rumah anak patung
خانه ی عروسکی
hadiah
کادو

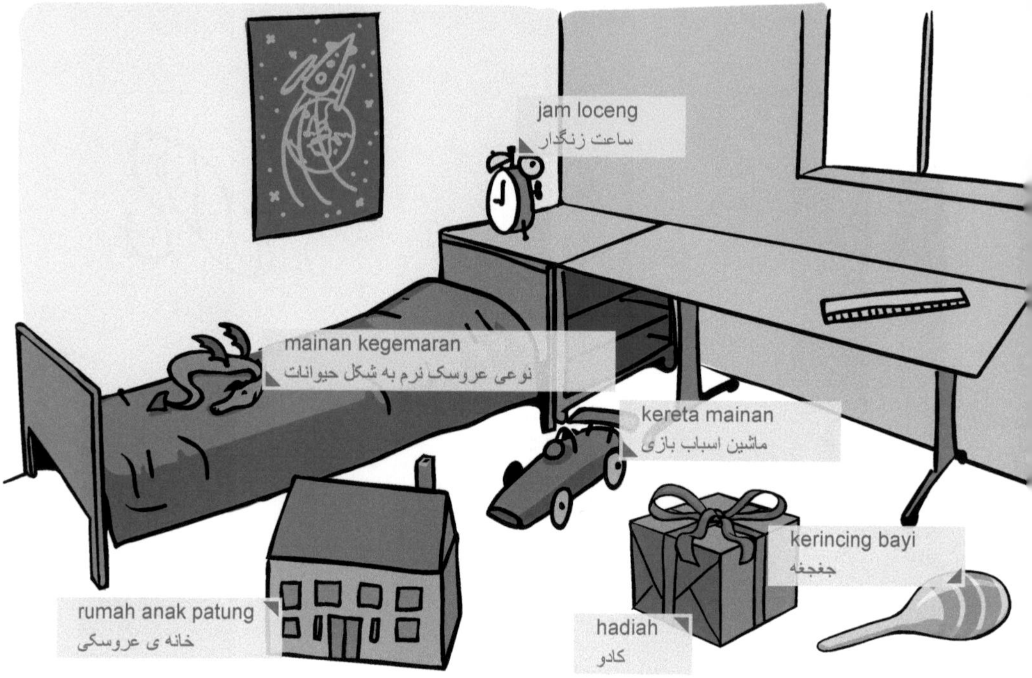

belon

بادکنک

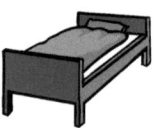

katil

تخت خواب

kereta sorong bayi

کالسکه بچه

set kad

بازی ورق

susun suai gambar

پازل

komik

داستان مصور

batu bata lego

اسباب بازی لگو

blok mainan

خانه سازی

figura aksi

عروسک شخصیت های فیلم و کارتون

baju bayi

لباس نوزاد

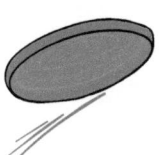

frisbee

فریزبی

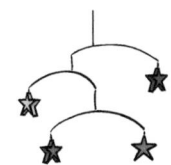

mainan bayi mudah alih

نوعی اسباب بازی که روی تخت نوزاد
یا کودک نصب می شود

permainan papan

بازی روی صفحه

dadu

تاس

set model kereta api

قطار اسباب بازی

palsu

پستانک

parti

مهمانی

buku bergambar

کتاب مصور

bola

توپ

anak patung

عروسک

main

بازی کردن

lubang pasir

جعبه شنی مخصوص بازی کودکان

buai

تاب

mainan

اسباب بازی

konsol permainan video

کنسول بازی های کامپیوتری

basikal roda tiga

سه چرخه

anak patung beruang

خرس عروسکی

almari pakaian

کمد لباس

pakaian

لباس

stoking

جوراب

stoking

جوراب زنانه ساق بلند

ketat

جوراب شلواری

skarf
شال

payung
چتر

kemeja-t
تی شرت

keselamatan

but
پوتین

kasut sukan
کفش ورزشی کتانی

selipar
دمپایی

sandal
صندل

kasut
کفش

but getah
چکمه پلاستیکی

seluar dalam
شرت

coli
سوتین

ves
جلیقه

badan

بادى

Seluar panjang

شلوار

jean

جين

skirt

دامن

blaus

بلوز

kemeja

پيراهن

baju panas sarung

پوليور

sweater

سويى شرت

blazer

نوعى كت

jaket

ژاكت

kot

كت بلند

baju hujan

بارانى

kostum

لباس نمايش

pakaian

لباس

baju pengantin

لباس عروس

sut

كت و شلوار

baju tidur

لباس خواب زنانه

baju tidur

پیژامه

sari

ساری

skarf kepala

روسری

serban

عمامه

burqa

برقع

kaftan

قبا

abaya/jubah

عبا

baju renang

لباس شنا

seluar renang

شرت شنا

seluar pendek

شلوارک

sut balapan

لباس ورزشی

apron

پیشبند

sarung tangan

دستکش

butang

دكمه

cermin mata

عینک

gelang tangan

دستبند

rantai leher

گردنبند

cincin

انگشتر

subang

گوشواره

topi

كلاه لبه دار

penyangkut kot

چوب لباسی

topi

كلاه

tali leher

كراوات

zip

زیپ

topi keledar

كلاه ایمنی

pendakap

بند شلوار

uniform sekolah

لباس مدرسه

seragam

لباس فرم

lapik dada

پیش بند بچه

palsu

پستانک

lampin

پوشک بچه

pejabat

اداره

pelayan
سرور
kabinet fail
کمد نگهداری پرونده
mesin pencetak
چاپگر
kertas
کاغذ
monitor
مانیتور
tetikus
ماوس
meja
میز تحریر
folder
زونکن
papan kekunci
صفحه کلید
bakul sampah
سبد کاغذ باطله
komputer
کامپیوتر
kerusi
صندلی

cawan kopi

لیوان قهوه

kalkulator

ماشین حساب

internet

اینترنت

komputer riba

لپ تاپ

surat

نامه

mesej

پیغام

mudah alih

تلفن همراه

rangkaian

شبکه ی ارتباطی

mesin fotokopi

دستگاه فتوکپی

perisian

نرم افزار

telefon

تلفن

soket plag

پریز

mesin faks

دستگاه فاکس

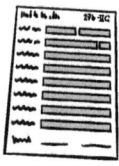

bentuk

فرم

dokumen

مدرک

beli

خریدن

bayar

پرداخت کردن

berdagang

تجارت کردن

wang

پول

dolar

دلار

euro

یورو

yen

ین

rubel

روبل

franc swiss

فرانک سوئیس

renminbi yuan

یوان رنمینبی

rupee

روپیه

mata tunai

دستگاه خودپرداز

pejabat tukaran mata wang

صرافی

emas

طلا

perak

نقره

minyak

نفت

tenaga

انرژی

harga

قیمت

kontrak

قرارداد

cukai

مالیات

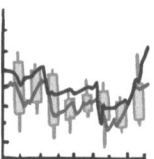

stok

سهام سرمایه

kerja

کار کردن

pekerja

کارمند

majikan

کارفرما

kilang

کارخانه

kedai

مغازه

pekerjaan
مشاغل

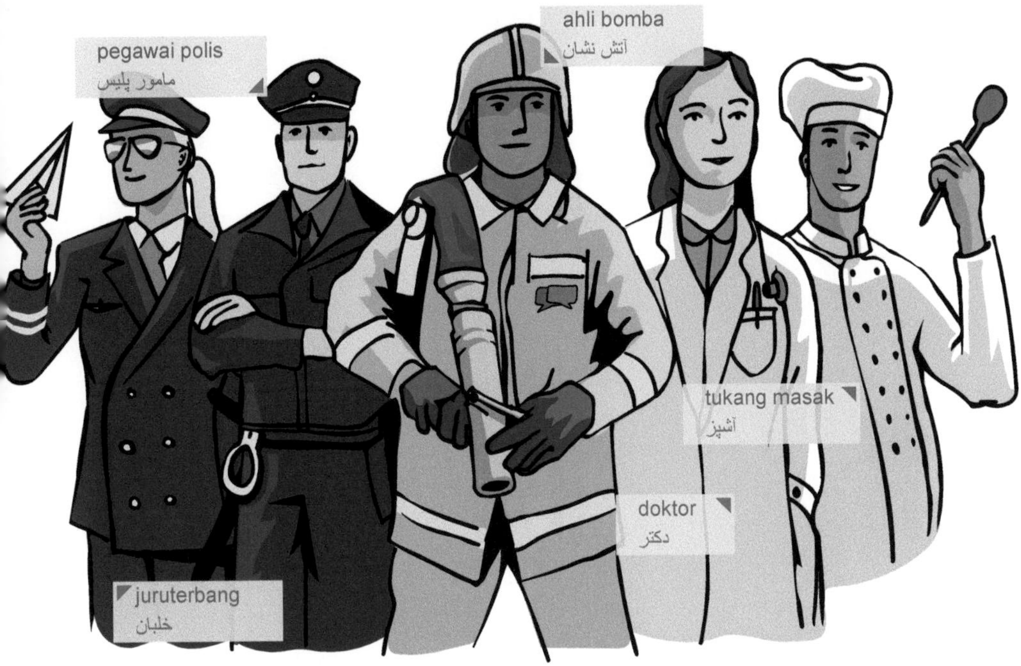

ahli bomba
آتش نشان
pegawai polis
مامور پلیس
tukang masak
آشپز
doktor
دکتر
juruterbang
خلبان

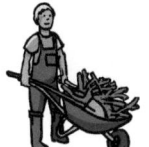

tukang kebun

باغبان

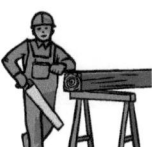

tukang kayu

نجار

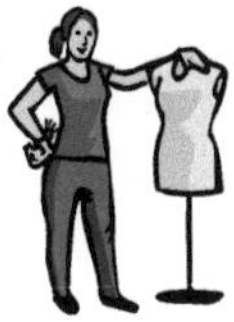

tukang jahit

خیاط زنانه

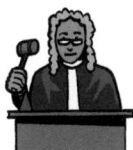

hakim

قاضی

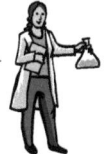

ahli kimia

شیمیدان

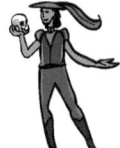

pelakon

بازیگر

pemandu bas

راننده اتوبوس

pemandu teksi

راننده تاکسی

nelayan

ماهیگیر

wanita pencuci

نظافتچی زن

kasau

سقف ساز

pelayan

پیشخدمت رستوران

pemburu

شکارچی

pelukis

نقاش

bakeri

نانوا

juruelektrik

برقکار

pembangun

کارگر ساختمانی

jurutera

مهندس

penjual daging

قصاب

tukang paip

لوله کش

posmen

پستچی

askar

سرباز

arkitek

معمار

juruwang

صندوقدار

kedai bunga

گل فروش

pendandan rambut

آرایشگر

konduktor

مامور کنترل بلیط در قطار

mekanik

مکانیک

kapten

ناخدا

doktor gigi

دندانپزشک

ahli sains

دانشمند

tuhanku

عالم یهودی

imam

امام

sami

راهب

paderi

کشیش

alat
ابزارآلات

tukul
چکش
playar
انبردست
pemutar skru
پیچ گوشتی
sepana
آچار
obor
چراغ قوه

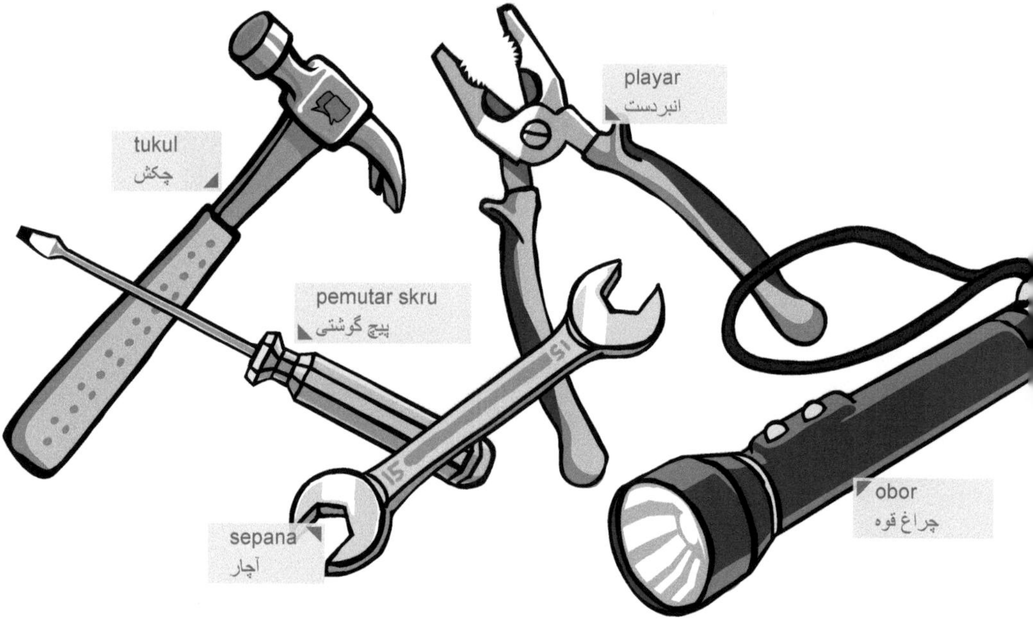

pengorek

بیل مکانیکی

kotak peralatan

جعبه ابزار

tangga

نردبان

gergaji

ارّه

kuku

میخ

gerudi

مته

baiki

تعمير كردن

penyodok

بيل

Celaka!

لعنتى!

penadah sampah

خاك انداز

periuk cat

سطل رنگرزى

skru

پيچ

alat muzik

آلات موسيقى

pembesar suara
بلندگو

perangkat dram
درامز

gitar
گيتار

bass berganda
كنترباس

trompet
ترومپت

piano

پیانو

biola

ویولن

bass

گیتار بیس

timpani

تیمپانی

dram

طبل

papan kekunci

کیبورد الکتریک

saksofon

ساکسیفون

seruling

فلوت

mikrofon

میکروفون

ZOO

باغ وحش

pintu masuk
ورودی
harimau
ببر
sangkar
قفس
zebra
گورخر
makanan haiwan
خوراک حیوانات
panda
خرس پاندا

haiwan

حیوانات

gajah

فیل

kanggaru

کانگورو

badak sumbu

کرگدن

gorila

گوریل

beruang

خرس

unta

شتر

burung unta

شترمرغ

singa

شیر

monyet

میمون

flamingo

فلامینگو

nuri

طوطی

beruang kutub

خرس قطبی

penguin

پنگوئن

yu

کوسه

merak

طاووس

ular

مار

buaya

تمساح

penjaga zoo

نگهبان باغ وحش

anjing laut

خوک آبی

jaguar

پلنگ امریکایی

kuda

اسب کوچک

harimau

پلنگ

badak air

اسب آبی

zirafah

زرافه

helang

عقاب

babi jantan

گراز

ikan

ماهی

penyu

لاک پشت

anjing laut

شیرماهی

musang

روباه

rusa

غزال

sukan
ورزش ها

bola sepak Amerika
فوتبال آمریکایی
berbasikal
دوچرخه سواری
tenis
تنیس
bola keranjang
بسکتبال
renang
شنا
tinju
بوکس
hoki ais
هاکی روی یخ

bola sepak
....
فوتبال

badminton
....
بدمینتون

olahraga
....
دوومیدانی

bola baling
....
هندبال

ski
....
اسکی

polo
....
پولو

lompat
پریدن

peluk
بغل کردن

ketawa
خندیدن

berjalan
راه رفتن

menyanyi
آواز خواندن

mimpi
رؤیا دیدن

berdoa
دعا کردن

cium
بوسیدن

tulis
نوشتن

lukis
رسم کردن

tunjuk
نشان دادن

tolak
هل دادن

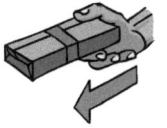

beri
دادن

ambil
برداشتن

ada

داشتن

buat

انجام دادن

ialah

بودن

berdiri

ایستادن

lari

دویدن

tarik

کشیدن

buang

پرتاب کردن

jatuh

افتادن

tipu

دراز کشیدن

tunggu

منتظر بودن

bawa

حمل کردن

duduk

نشستن

pakai

لباس پوشیدن

tidur

خوابیدن

bangkit

بیدار شدن

lihat pada

تماشا کردن

menangis

گریه کردن

strok

نوازش کردن

sikat

شانه کردن

cakap

حرف زدن

faham

فهمیدن

tanya

پرسیدن

dengar

شنیدن

minum

آشامیدن

makan

خوردن

mengemas

مرتب کردن

sayang

عاشق بودن

masak

پختن

pandu

رانندگی کردن

terbang

پرواز کردن

belayar

قایقرانی کردن

kira

محاسبه کردن

baca

خواندن

belajar

یاد گرفتن

kerja

کار کردن

nikah

ازدواج کردن

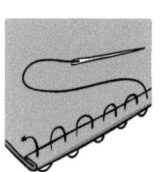

jahit

دوختن

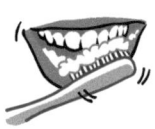

memberus gigi

مسواک زدن

bunuh

کشتن

asap

سیگار کشیدن

hantar

فرستادن

aktiviti - فعالیت ها

keluarga

خانواده

nenek
مادربزرگ
datuk
پدربزرگ
bapa
پدر
ibu
مادر
bayi
کودک
anak perempuan
فرزند دختر
anak lelaki
فرزند پسر

tetamu

مهمان

mak cik

خاله، عمه

pak cik

دایی، عمو

abang

برادر

kakak

خواهر

badan

بدن

dahi
پیشانی
mata
چشم
bahu
شانه
jari
انگشت دست
muka
صورت
dagu
چانه
tangan
دست
kaki
ساق پا
dada
سینه
lengan
بازو

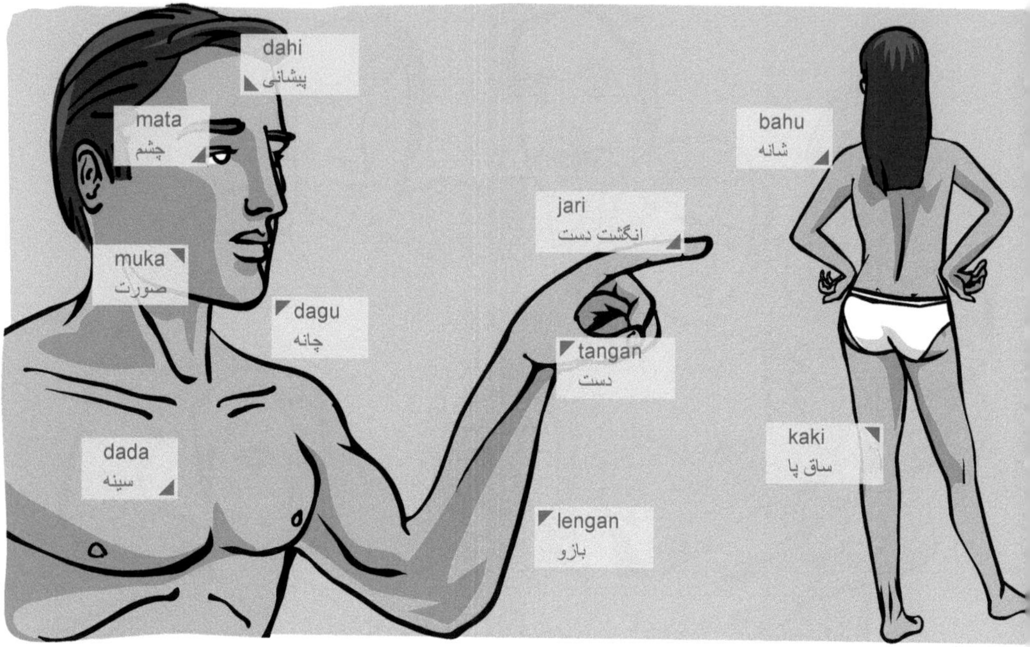

bayi

کودک

lelaki

مرد

wanita

زن

perempuan

دختربچه

lelaki

پسربچه

kepala

کله

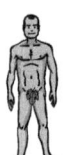

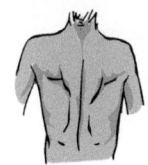

belakang

کمر

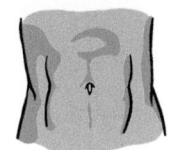

bawah perut

شکم

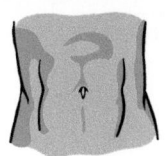

pusat

ناف

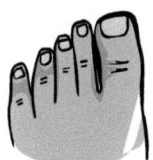

jari kaki

انگشت پا

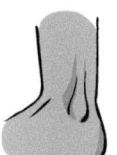

tumit

پاشنه

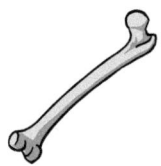

tulang

استخوان

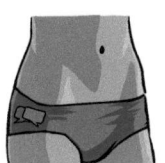

pinggul

لگن

lutut

زانو

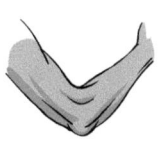

siku

آرنج

hidung

بینی

bawah

نشیمنگاه

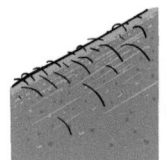

kulit

پوست

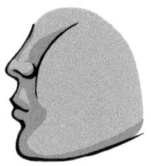

pipi

گونه

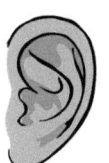

telinga

گوش

bibir

لب

mulut

دهان

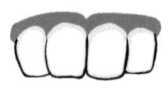

gigi

دندان

lidah

زبان

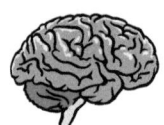

otak

مغز

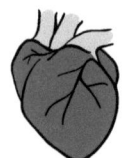

hati

قلب

otot

عضله

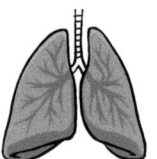

paru-paru

ریه

hati

کبد

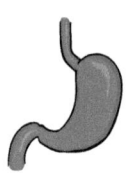

perut

معده

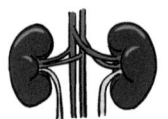

buah pinggang

کلیه

seks

آمیزش جنسی

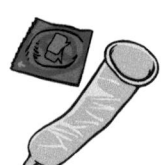

kondom

کاندوم

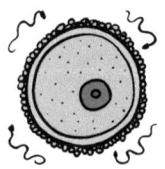

faraj

تخمک

mani

اسپرم

mengandung

حاملگی

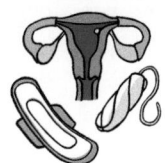

haid

پریود

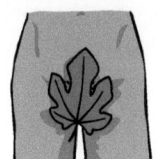

faraj

واژن

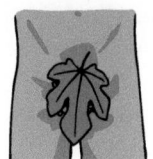

penis

آلت تناسلی مرد

kening

ابرو

rambut

مو

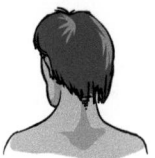

leher

گردن

hospital
بیمارستان

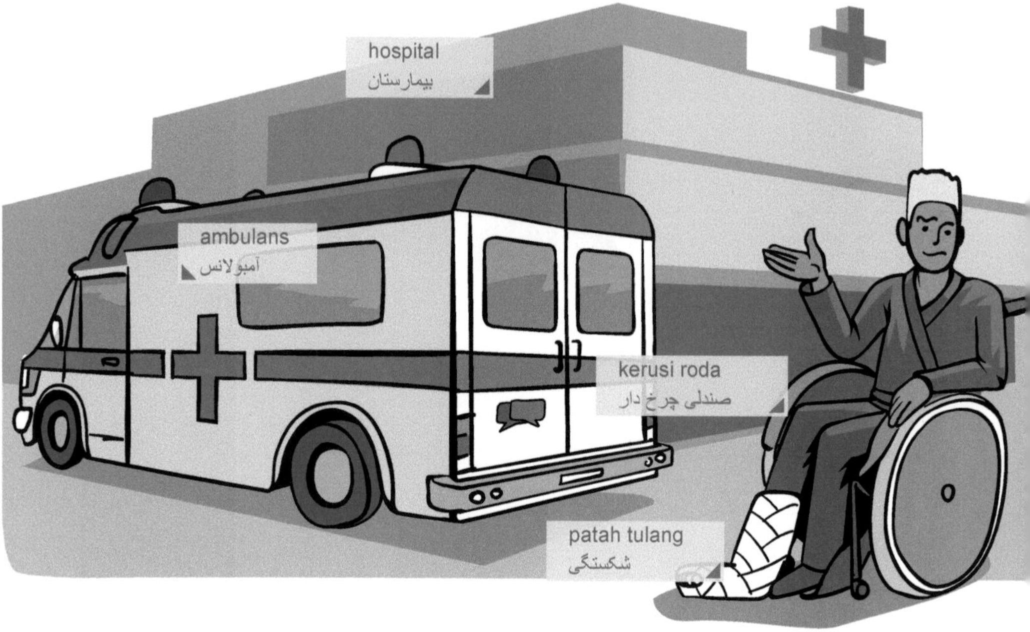

hospital
بیمارستان
ambulans
آمبولانس
kerusi roda
صندلی چرخ دار
patah tulang
شکستگی

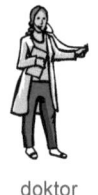

doktor

دکتر

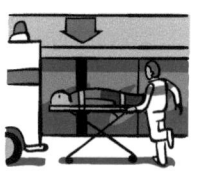

bilik kecemasan

بخش اورژانس

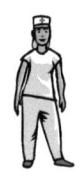

jururawat

پرستار

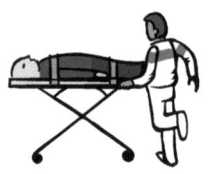

kecemasan

موقعیت اضطراری

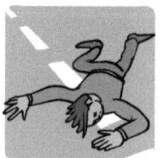

tak sedar

بی هوش

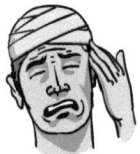

sakit

درد

kecederaan

مصدومیت

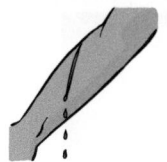

pendarahan

خونریزی

serangan jantung

سکته قلبی

strok

سکته مغزی

alergi

آلرژی

batuk

سرفه

demam

تب

selesema

آنفولانزا

cirit-birit

اسهال

sakit kepala

سردرد

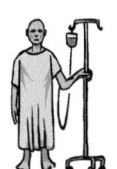

kanser

سرطان

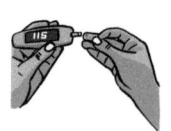

diabetes

دیابت

pakar bedah

جراح

pisau bedah

چاقوی جراحی

pembedahan

عمل جراحی

CT

سی تی اسکن

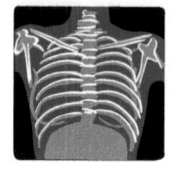

x-ray

پرتونگاری

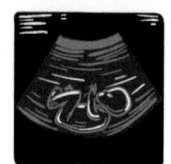

ultrabunyi

سونوگرافی

topeng muka

ماسک صورت

penyakit

بیماری

bilik menunggu

اتاق انتظار

penongkat

چوب زیر بغل

plaster

چسب زخم

pembalut

پانسمان

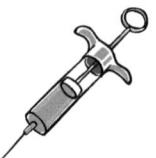

suntikan

تزریق

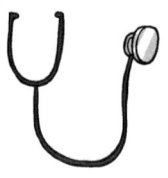

stetoskop

گوشی طبی

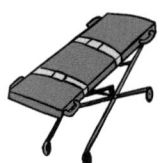

pengusung

برانکار

termometer klinik

دماسنج

kelahiran

زایش

berat badan berlebihan

اضافه وزن

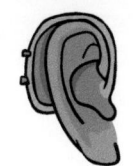

alat pendengaran

سمعک

disinfektan

ماده ضد غفونی کننده

jangkitan

عفونت

virus

ویروس

HIV / AIDS

اچ آی وی / ایدز

perubatan

دارو

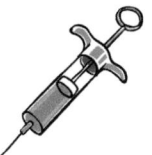

vaksinasi

واکسیناسیون

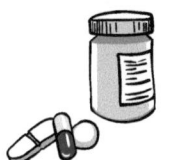

tablet

قرص

pil

قرص ضد حاملگی

panggilan kecemasan

تماس اظطراری

pantau tekanan darah

دستگاه اندازه گیری فشارخون

sakit / sihat

مریض / سالم

kecemasan

موقعیت اضطراری

Tolong!

کمک!

penggera

آژیر خطر

serang

حمله

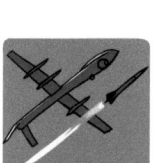

serangan

حمله ی فیزیکی

bahaya

خطر

pintu kecemasan

خروج اظطراری

Api!

آتش

alat pemadam api

کپسول آتش‌نشانی

kemalangan

تصادف

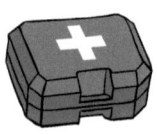

alat pertolongan cemas

جعبه کمک های اولیه

SOS

درخواست کمک

polis

پلیس

Eropah

اروپا

Amerika Utara

آمریکای شمالی

Amerika Selatan

آمریکای جنوبی

Afrika

آفریقا

Asia

آسیا

Australia

استرالیا

Atlantic

اقیا نوس اطلس

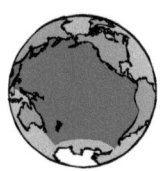

Pasifik

اقیانوس آرام

Lautan Hindi

اقیانوس هند

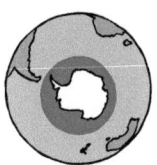

Lautan Antartik

اقیا نوس اطلس جنوبی

Lautan Artik

اقیانوس منجمد شمالی

Kutub utara

قطب شمال

Kutub Selatan

قطب جنوب

Antartika

قاره قطب جنوب

bumi

کره زمین

tanah

سرزمین

laut

دریا

pulau

جزیره

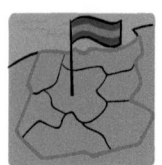

negara

ملت

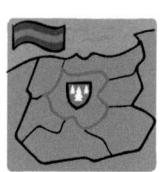

negeri

کشور

jam
ساعت

muka jam

صفحه ی ساعت

tangan jam

ساعت شمار

tangan minit

دقیقه شمار

terpakai

ثانیه شمار

Jam berapa sekarang

ساعت چند است؟

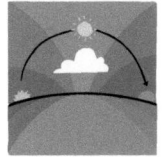

hari

روز

masa

زمان

sekarang

اکنون

jam digital

ساعت دیجیتال

minit

دقیقه

jam

ساعت

minggu

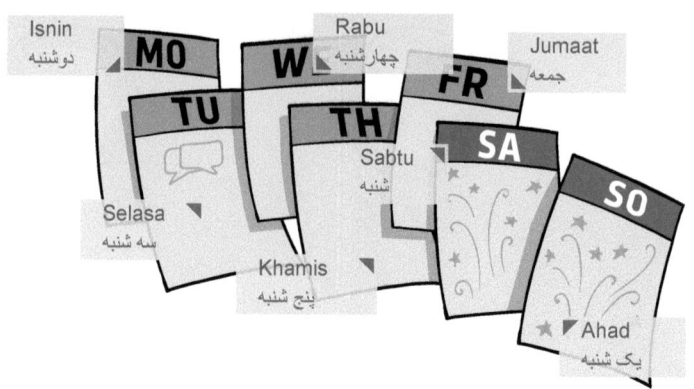

هفته

Isnin
دوشنبه
Selasa
سه شنبه
TU
Rabu
چهارشنبه
Khamis
پنج شنبه
Jumaat
جمعه
Sabtu
شنبه
SA
Ahad
یک شنبه

semalam

دیروز

hari ini

امروز

esok

فردا

pagi

صبح

tengah hari

ظهر

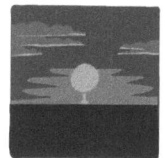

petang

غروب

hari kerja

روزهای کاری

hari minggu

آخر هفته

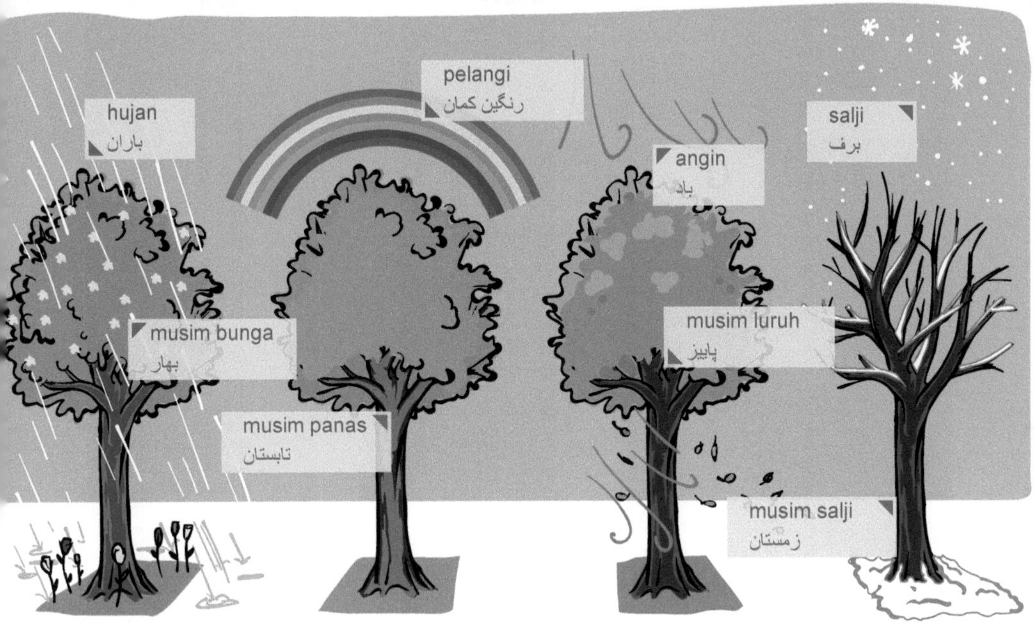

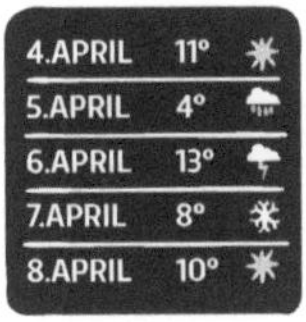

hujan
باران

pelangi
رنگين كمان

angin
باد

salji
برف

musim bunga
بهار

musim panas
تابستان

musim luruh
پاييز

musim salji
زمستان

4.APRIL	11°	☀
5.APRIL	4°	☁
6.APRIL	13°	⛅
7.APRIL	8°	❄
8.APRIL	10°	☀

ramalan cuaca

پیش‌بینی اوضاع جوی

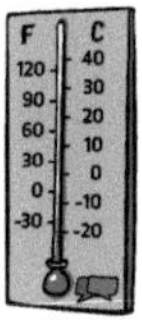

termometer

دماسنج

sinar matahari

تابش آفتاب

awan

ابر

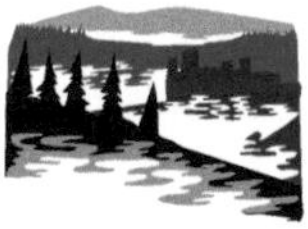

kabus

مه

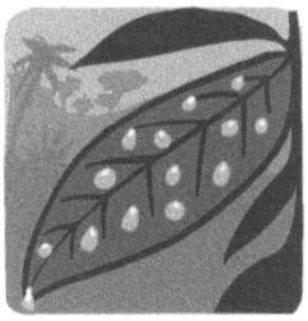

lembapan

رطوبت هوا

kilat

صاعقه

petir

آسمان غره

ribut

طوفان

hujan batu

تگرگ

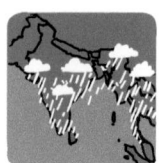

monsun

باد موسمی

banjir

سیل

ais

یخ

Januari

ژانویه

Februari

فوریه

Mac

مارس

April

آوریل

Mei

مه

Jun

ژوئن

Julai

ژوئیه

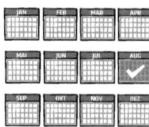

Ogos

آگوست

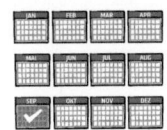

September
سپتامبر

Oktober
أكتبر

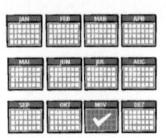

November
نوامبر

Disember
دسامبر

bentuk

أشكال

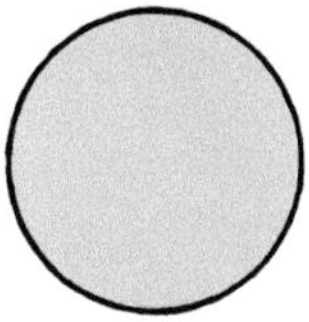

bulatan
دايره

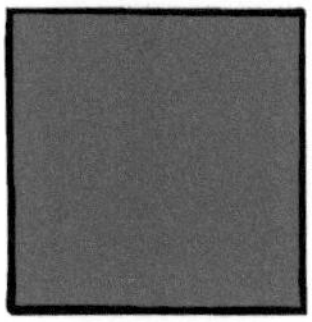

petak
مربع

segi empat tepat
مستطيل

segitiga
سه گوش

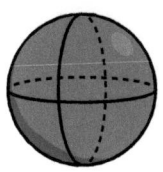

sfera
گره

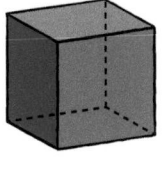

kiub
مكعب مربع

warna

رنگ ها

putih

سفید

kuning

زرد

oren

نارنجی

merah jambu

صورتی

merah

قرمز

ungu

بنفش

biru

آبی

hijau

سبز

coklat

قهوه ای

kelabu

خاکستری

hitam

سیاه

berlawanan
متضاد ها

banyak / sedikit

....

خیلی / کم

marah / tenang

....

خشمگین/ آرام

cantik / hodoh

....

زیبا / زشت

bermula / tamat

....

شروع / پایان

besar kecil

....

بزرگ / کوچک

terang / gelap

....

روشن / تیره

abang / kakak

....

برادر / خواهر

bersih / kotor

....

تمیز / آلوده

lengkap / tidak lengkap

....

کامل / ناقص

hari / malam

....

روز / شب

mati / hidup

....

مرده / زنده

luas / sempit

....

پهن / باریک

boleh dimakan / tidak boleh
dimakan

قابل خوردن / غیر قابل خوردن

jahat / baik

غضبناک / مهربان

teruja / bosan

هیجان زده / بی حوصله

gemuk / kurus

چاق / لاغر

pertama / terakhir

اولین / آخرین

kawan / musuh

دوست / دشمن

penuh / kosong

پر / خالی

keras / lembut

سفت / نرم

berat / ringan

سنگین / سبک

lapar / dahaga

گرسنگی / تشنگی

sakit / sihat

مریض / سالم

menyalahi undang-undang /
undang-undang

غیرقانونی / قانونی

pintar / bodoh

باهوش / خنگ

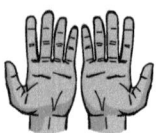

kiri / kanan

چپ / راست

dekat / jauh

نزدیک / دور

baru / lama

نو / استفاده شده

tiada / sesuatu

هيچ چيز / چيزى

tua / muda

پير / جوان

hidup / mati

روشن / خاموش

terbuka / tertutup

باز / بسته

diam / bising

آهسته / بلند

kaya / miskin

ثروتمند / فقير

betul / salah

درست / غلط

kasar / halus

زبر / صاف

sedih / gembira

غمگين / خوشحال

pendek / panjang

كوتاه / بلند

lambat / laju

كند / تند

basah / kering

تر / خشک

panas / sejuk

گرم / خنک

berperang / berdamai

جنگ / صلح

nombor

اعداد

0

sifar

صفر

1

satu

یک

2

dua

دو

3

tiga

سه

4

empat

چهار

5

lima

پنج

6

enam

شش

7

tujuh

هفت

8

lapan

هشت

9

sembilan

نه

10

sepuluh

دَه

11

sebelas

یازده

12

dua belas

دوازده

13

tiga belas

سیزده

14

empat belas

چهارده

15

lima belas

پانزده

16

enam belas

شانزده

17

tujuh belas

هفده

18

lapan belas

هجده

19

Sembilan belas

نوزده

20

dua puluh

بیست

100

ratus

صد

1.000

ribu

هزار

1.000.000

juta

میلیون

bahasa-bahasa

زبان ها

Bahasa Inggeris

....

انگلیسی

Bahasa Inggeris Amerika

....

انگلیسی آمریکایی

Bahasa Cina Mandarin

....

چینی ماندارین

Bahasa Hindi

....

هندی

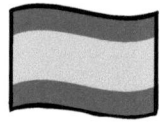

Bahasa Sepanyol

....

اسپانیایی

Bahasa Perancis

....

فرانسوی

Bahasa Arab

....

عربی

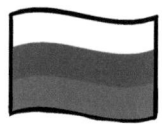

Bahasa Rusia

....

روسی

Bahasa Portugis

....

پرتغالی

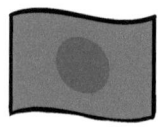

Bahasa Benggali

....

بنگالی

Bahasa Jerman

....

آلمانی

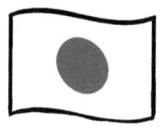

Bahasa Jepun

....

ژاپنی

siapa / apa / bagaimana
چه کسی / چه چیزی / چگونه

saya

من

anda

تو

dia / dia / ia

او

kita

ما

anda

شما

mereka

آنها

siapa?

چه کسی؟ کی؟

apa?

چی؟

bagaimana?

چگونه؟

di mana?

کجا؟

bila?

کِی؟

nama

نام

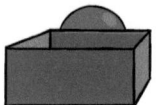

di mana

کجا

belakang

پشت

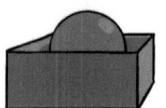

dalam

توی

di hadapan

جلو

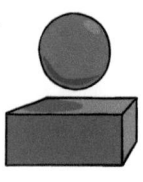

lebih

بالای

pada

روی

di bawah

زیر

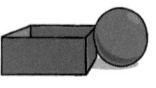

bersebelahan

مجاور

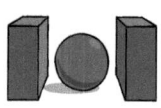

antara

بین

tempat

مکان